Un bébé ?
Quelle drôle d'idée !

Texte de Fanny Joly
Illustrations de Roser Capdevila

Je m'appelle Gudule.
J'ai une trousse pleine de billes
et des chaussures vernies qui brillent.
Ma Maman fait souvent des crêpes.
Mon Papa m'emmène au cinéma.
Jusqu'à maintenant,
tout allait bien pour moi...

Mais brusquement,
à la piscine,
j'ai remarqué que le ventre de Maman
était tout rond.
Un peu comme si
elle avait avalé un petit ballon.

Le soir même,
mes parents m'ont annoncé
qu'on allait avoir un bébé...

Un bébé ?
Quelle drôle d'idée !
On va avoir un bébé ?
Mais « on », c'est qui ?
C'est moi aussi ?
Il faudrait peut-être me demander mon avis.
Je n'ai jamais dit
que je voulais un bébé, moi !

J'en ai parlé à l'école.
Les nouvelles ne sont pas bonnes !
Bertrand m'a dit que les bébés,
ça pleure tout le temps,
et tellement fort
que même en se mettant
de la pâte à modeler dans les oreilles,
on les entend encore !
Sa petite sœur, quand elle dort,
personne ne doit faire de bruit.
Mais elle,
elle ne se gêne pas pour réveiller
tout le monde au milieu de la nuit !

Marie-Aglaé m'a dit que les bébés,
ça ne comprend même pas ce qu'on dit.
Quand on leur met un bonbon sous le nez,
ça ne sait même pas l'attraper.
Et en plus,
ça vomit !

Mes parents ne se rendent pas compte
de la catastrophe qui nous pend au nez !
Plus le ventre de Maman s'arrondit,
et plus ils ont l'air ravis !
Maintenant, son ventre est gonflé
comme un ballon de foot, carrément !

J'ai essayé de les aider.
Un jour, au milieu du dîner, j'ai dit :
« Mais on a le droit de faire naître un bébé,
et ensuite, de le mettre à la poubelle ?
— Quelle horreur ! a hurlé Maman.
— Voyons, Gudule, a dit Papa,
si on a un petit bébé,
c'est pour l'aimer,
pour lui donner à manger,
pour l'embrasser...
Pas pour le jeter ! »
Et tous les deux ils m'ont regardée
bizarrement, longtemps, longtemps.

Le lendemain, ils m'ont acheté
une poupée dans un panier.
C'est une poupée copiée sur les bébés.
Elle n'a pas de cheveux,
pas de belles robes, rien.
Juste un biberon et un pyjama tout mou.
Elle est moche. Je ne l'aime pas du tout.
Je l'ai rangée dans un coin.
Si c'est ça, les bébés, merci bien !

J'aimerais tant faire comprendre
à Maman et à Papa
que leur meilleur bébé, c'est moi.

Moi, je sais tout faire comme une grande.
Et je sais aussi faire le bébé.
Par exemple, je pousse des cris :
« Moi veux pas ziande hachée,
moi veux biberon, bouillie, agueuh ! »
Et je lance toutes mes affaires en l'air.

Mais chaque fois que je fais ça,
Maman s'énerve :
« Gudule, arrête de faire le bébé,
arrête de faire l'imbécile, s'il te plaît ! »
Et quand je réponds :
« Si les bébés sont des imbéciles,
pourquoi tu fais un bébé, toi ? »
Maman se met en furie :
« Gudule, ça suffit ! »

Même la boulangère s'y met.
Elle n'arrête pas de se pencher
par-dessus sa caisse pour me demander :
« Alors, tu préférerais une petite sœur
ou un petit frère ? »
J'ai beau faire mon nez buté et répondre :
« Je préférerais rien »,
elle recommence tous les matins…

... Et le ventre de Maman continue
à gonfler comme une montgolfière...
Finalement, à force de gonfler,
Maman est partie faire son bébé.
On est restés seuls, Papa et moi.
Heureusement que j'étais là
pour aider à la cuisine.
Le premier jour, on a mangé des raviolis.
Le deuxième jour, on a mangé des raviolis.
Le troisième jour, on a mangé des raviolis.
Le quatrième jour, on a mangé des raviolis.
Le cinquième jour, on a mangé des raviolis.
C'était super.

On a aussi préparé les affaires pour le bébé.
Un berceau.
Des jolis rideaux.
Un pèse-bébé.
Une table à langer.
Des biberons.
Un petit hochet.
Du lait en poudre.
Des stocks de couches...

A la fin, j'ai dit à Papa :
« Tu ne trouves pas
qu'il prend beaucoup de place,
pour un petit bébé comme ça ? »
Papa a eu l'air gêné.
Du coup, il m'a emmenée choisir
ce que je voulais au magasin de jouets.
J'ai pris un déguisement de vampire,
une famille de robots gluants,
et un monstre intersidéral.
Ça m'a bien remonté le moral.

Et puis Maman est rentrée avec le bébé.
C'est un garçon.
Il s'appelle Gaston.
J'aime bien ce nom.

Je ne m'attendais pas à ce qu'il soit si petit,
si ridé, si recroquevillé !
Mais ça ne m'a pas empêchée
de lui dire ses quatre vérités :
« Tu sais, Gaston, mon petit gars,
ne t'imagine surtout pas
que tu vas faire la loi, dans cette maison.
Je suis là depuis plus longtemps que toi, et... »
A ce moment-là, j'ai dû m'arrêter
parce que Maman est entrée.

C'est moi qui ai donné à Gaston
son premier biberon,
tout doucement, comme à un petit chat.
C'est bête, mais c'est vrai : c'est mignon.
En plus, Marie-Aglaé m'a raconté
des âneries :
mon petit frère n'a jamais vomi.

Bertrand aussi s'est trompé :
mon petit frère ne pleure presque pas.
Il a même fait son premier sourire
à deux mois.
Et vous savez à qui il a souri ? A moi !
Il m'aime vraiment beaucoup, je crois.
Évidemment, ça me fait un peu honte
à cause de toutes les méchancetés
que je lui ai dites, le jour de son arrivée.
Il est gentil :
il fait comme s'il avait tout oublié.

De mon côté, j'essaie de l'aider.
Je lui montre comment marchent les jouets.
Je l'aide à finir sa purée.
Je le défends contre la voisine
qui lui tricote tout le temps des bonnets.

Hier, Gaston a parlé pour la première fois.
Il a dit : « Du... dule... »
Tout le monde s'est regardé.
Je n'ai pas pu m'empêcher de crier :
« Du.. dule... c'est Gudule ! C'est moi ! »

Je m'appelle Gudule.
J'ai une trousse pleine de billes,
des chaussures vernies qui brillent,
et surtout un petit frère extra.

Fanny Joly a déjà écrit pour Hachette

Dans la collection CADOU :

Un bébé ? Quelle drôle d'idée ! (5288)
L'école des bébés (5295)
Maman fait semblant (5304)

Dans la collection COPAIN :

La vengeance de la Praline (6050)
Le nono de la Praline (6051)
Le réveillon de la Praline (6103)
Les frisettes de Mademoiselle Henriette (6070)

Composition réalisée par C.M.L. Montrouge

Achevé d'imprimer par CLERC S.A.
18200 Saint-Amand-Montrond - N° 5274 - Août 1993
ISBN 2.010.17940.4 - Dépôt légal éditeur n° 6020